Au
Pays du Mufle

DU MÊME AUTEUR

Le Jardin des Reves. 1 volume. Lemerre, 1880 (Épuisé.)

POUR PARAITRE INCESSAMMENT

Les Escarboucles. (Vers.)
Le Don des Larmes. (Vers)
Le Péché. (Roman.)
Terre Latine. (Paysages.)

LAURENT TAILHADE

Au

Pays du Mufle

BALLADES ET QUATORZAINS

Préface d'Armand Silvestre

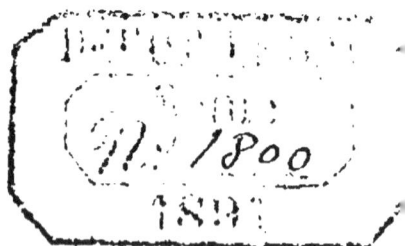

❧

PARIS

Chez Léon Vanier, éditeur

19, QUAI SAINT-MICHEL, 19

1891

Il fut tiré du présent opuscule quatre cents
exemplaires numérotés sur papier de Hollande,
plus vingt-cinq exemplaires sur papier impérial
du Japon, qui ne seront point mis dans le
commerce.

Exemplaire nᵒ

A mon ami André Cogné

L. T.

PRÉFACE

E N écrivant ces lignes inutiles en tête
d'un livre qui n'a pas besoin d'être
recommandé aux lettrés, et auquel
ne comprendront rien les ignorants et les
imbéciles, je n'ai voulu que répondre au
sentiment d'affection trop modeste qui me les
demandait, que donner à Laurent Tailhade
une preuve d'amitié constante, d'estime lit-
téraire absolue. Le souffle me manque, d'ail-
leurs, pour suivre, dans leur vol, là où elles
vont frapper même au travers de mes sym-

pathies personnelles, les flèches de sa verve éperdument acérée, et je ne me donnerai pas le ridicule d'avoir un avis sur la forme poétique qu'il a menée, en grand artiste, à sa perfection.

Les poètes d'une génération sont les plus mal venus à juger ceux de la génération qui les suit. A tout ce qui nous paraît démodé dans ceux qui nous ont précédés, nous pouvons deviner l'impression qu'ont de nous ceux qui nous suivent. C'est que la langue poétique n'est pas une terre égale dont chacun défriche, à son tour, un carré : c'est un fleuve dont le cours nous emporte et qui, d'un point à un autre, ne reflète ni les mêmes rives, ni le même ciel. Nous n'avons donc aucun élément pour apprécier, dans sa justesse, la vision de ceux qui y voguent en aval ou en amont de nous. D'un bout du siècle à l'autre, les poètes ne se peuvent pas plus comprendre que des gens ne parlant pas le même idiome.

Nous qui avons fait des vers, nous sommes

donc tenus à une extrême réserve vis-à-vis
de ceux qui en font maintenant. Mais, si
nous ne pouvons blâmer ce qui nous en
échappe, ce qui tient à une évolution de la
forme vers un progrès ou vers une déca-
dence — qui oserait bien dire lequel des
deux ? — il nous faut largement, cordiale-
ment, fraternellement goûter le charme de
tout ce qui nous y séduit. Dans Laurent
Tailhade ce qui m'enchante, au delà de
toute expression, c'est la musique et le par-
fum de latinité qui, dans les impressions les
plus modernes, affirme en lui la race : mu-
sique et latinité de psaumes quelquefois, si
vous voulez, mais dans lesquels Virgile se
rencontre avec saint Grégoire. Il n'est pas
d'écrivain vraiment français qui n'ait ce
sang latin dans les veines, fait de paga-
nisme et de liturgie. Tous ceux qui ne l'ont
pas sont des barbares et rien de plus. Au
même degré Villon et Théophile Gautier
sont de la grande famille.

Puisqu'il est convenu qu'on est toujours

le fils de quelqu'un, ceux-là sont les aïeux
que je vois à Laurent Tailhade èt, comme
en art surtout, le temps est une fiction, il
est à la même distance, comme langue poé-
tique, de l'un et de l'autre. De Gautier il
a l'impeccabilité souveraine; de Villon l'em-
portement lyrique et l'abondance cadencée
du verbe. Son vers passe du frémissement
de la lyre au claquement du fouet. Mais le
poète, — pour qu'il existe, — et celui-ci est
un des plus vivants que je sache — est avant
tout lui-même. L'originalité de Tailhade,
pour qui ce volume sera un peu ce qu'est les
Châtiments *dans l'œuvre lyrique de Victor*
Hugo, — *car, qu'il le veuille ou non, comme*
nous tous, il en procède, — c'est une acuité
d'ironie qui ne me semble jamais avoir été
atteinte avant lui. Si le grand Flaubert
avait vécu, il eût appris par cœur ces Qua-
torzains d'été, *où Bouvard et Pécuchet sont*
plus cruellement déchirés de lanières que
Matho *lui-même à la dernière page de*
Salammbô. *Autant de quatorzains, autant*

de petits chefs-d'œuvre. S'il fallait faire un choix, parmi ces fleurs délicieusement empoisonnées de haine, c'est à Sur champ d'or que je donnerais le prix.

Au point de vue de la pureté virginalement marmoréenne de la langue, de l'excellence du métier, du merveilleux sertissage des rimes, — car Laurent Tailhade est un incomparable joaillier, — les ballades qui précèdent les quatorzains sont parmi les plus parfaites que j'aie vues écrites, et dans le sentiment le plus raffiné d'un rythme essentiellement français. Elles sont d'ailleurs d'une gaieté également féroce avec le cinglement en plus, à l'oreille, des assonances répétées. Je n'en veux signaler aucune. Dans toutes le rire déchire la lèvre. On n'a jamais rien écrit de moins bon enfant. Autant de sang que de fiel, cependant, dans ces indignations, et il semble que, de ce stylet sans pitié qui déchire un peu à l'aventure peut-être, le poète se soit lui-même souvent égratigné.

Qui pourrait dire, en effet, jusqu'où va l'ironie de Laurent Tailhade ? Peut-être quelquefois jusqu'à la parodie d'une école qui s'enorgueillit justement de ce vrai et beau poète. Pourquoi pas, puisque, dans Virgo fellatrix, *lui-même s'est hautement raillé, imitant une de ces pièces d'inspiration catholique où se complaît souvent sa latinité dans les fumées d'encens que traverse une lumière de vitrail. On peut tout redouter de cet héroïque pince-sans-rire. Mais quel lettré sincère ne pardonnerait beaucoup à ce merveilleux artiste, à ce vrai poète de notre race, dont les vers solides et de pur métal, à la fois sonore et précieux, sonneront bien longtemps après que se seront éteintes les justes colères qu'ils auront soulevées.*

ARMAND SILVESTRE.

28 Février 1891.

DOUZE

BALLADES FAMILIÈRES

POUR

EXASPÉRER LE MUFLE

Les Dieux s'en vont; plus que des hures.
JULES LAFFORGUE. — *Imitation
de Notre-Dame La Lune.*

BALLADE-CASQUÉE

DE LA PARFAITE ADMONITION

> *Voici venir le Buffle, le Buffle*
> *des buffles, le Buffle. Lui seul est*
> *buffle et tous les autres ne sont*
> *que des bœufs. Voïci venir le*
> *Buffle, le Buffle des buffles, le*
> *Buffle.*

E verbe sesquipédalier,
Le discours mitré, la faconde
Navarroise du Chevalier,
A Poissy comme dans Golconde,
Essorillent le pleutre immonde.
Mais, loin de tout bourgeois nigaud,
Hurle ta palabre féconde :
Sois grandiloque et bousingot.

Bourget, ce fameux bachelier,
Cultive, pour les gens du monde,
Quelques navets en espalier.
O Will! monsieur Dorchain t'émonde
Et Paravey joue Esclarmonde;
Qu'importe, fils! Baise Margot,
Et dona Sol, et Rosemonde :
Sois grandiloque et bousingot,

Décris un geste singulier,
Pousse un juron admirabonde.
Voici venir le Timbalier !
Qu'à Hugo Bouchardy réponde !
Conquiers les Iles de la Sonde
Et maint royaume visigoth
Par ta durandal sans seconde :
Sois grandiloque et bousingot.

ENVOI

Prince, le seigle a son ergot
Et des poux vivent sur l'aronde.
Pécuchet tient la mappemonde :
Sois grandiloque et bousingot.

BALLADE

DE LA GÉNÉRATION ARTIFICIELLE

MÉPHISTOPHÉLÈS. — *Un homme ! Et quel couple amoureux avez-vous donc enfermé dans la cheminée ?*

WAGNER. — *Dieu me garde ! L'ancienne mode d'engendrer, nous l'avons reconnue pour une véritable plaisanterie. — ... Nous tentons d'expérimenter judicieusement ce qu'on appelait les forces de la Nature ; et ce qu'elle produisait jadis organisé, nous autres, nous le faisons cristalliser.*

GŒTHE. — *Le second Faust.*

WAGNER, chimiste qu'exténue
Le grimoire du nécromant,
Distille, au fond de sa cornue,
La salamandre et l'excrément,
Et le crapaud que, doctement,
Assaisonne la verte oseille,
Pour que soit clos, en un moment,
L'homuncule dans la bouteille.

Catarrheux, il étreint la Nue.
Fi de la Belle-au-Bois-Dormant!
Fi de la galloyse charnue,
Du mignon et de la jument!
Gaûtama! le renoncement
Absolu que Ton Doigt conseille
Préside à cet accouchement :
L'homuncule dans la bouteille.

Plus de vérole saugrenue !
Plus d'argent-vif ou d'orpiment!
Hélène, avec sa beauté nue,
Intoxique le jeune Amant.
. . . vous donc tout simplement,
Au coin du feu, sous une treille :
Puis décantez modestement
L'homuncule dans la bouteille

ENVOI

Fleur des gitons, Prince Charmant,
Nonpareille est cette merveille
Offerte à votre étonnement :
L'homuncule dans la bouteille.

BALLADE

TOUCHANT L'IGNOMINIE DE LA CLASSE MOYENNE

> *Il faut compisser les bourgeois.*
>
> GEORGES FOUREST.

ROUTELEVÉS et marmiteux
De Nevers, de Chartre ou de Tulle,
Spatalocinèdes piteux
Couverts de gale et de pustule,
Ce bourgeois qui récapitule,
— Étant ladre mais folichon, —
Le *quantum* de votre sportule,
C'est de la viande de cochon.

Philistins gâteux, ce sont eux,
Les miteux, que chacun gratule,
Malgré leurs gestes comateux,
Leur ventre et leurs doigs en spatule !
Gazons ceci de quelque tulle :
O Pétroné ! faut un bouchon
Quotidien dans leur fistule.
C'est de la viande de cochon.

Tous, notaires galipoteux,
Monteurs de coups et de pendule,
Dentistes, avoués quinteux,
Tous, le jobard et l'incrédule,
Violent, moyennant cédule
Et tous, pour ne payer Fanchon,
Citent les *Devoirs* de Marc-Tulle :
C'est de la viande de cochon.

ENVOI

Roimez, le singe de Catulle,
Paul Gébor et madame Chon,
Nana-Saïb et sa mentule,
C'est de la viande de cochon.

BALLADE

SUR LA FÉROCITÉ D'ANDOUILLE

Le Serpens qui tenta Ève estait andouillicque, ce non obstant est de luy inscript qu'il estait fin et cauteleux sus tous aultres animans. Aussi sont Andouilles.

Pantagruel, livre IV, chap. XXXVIII.

OUPS-GAROUS, stryges et harpie,
D'aucuns ont un mufle camard;
Chez d'autres le groin copie
Estramaçon ou braquemard.
Empouse, lion de Saint-Marc,
Amphiptère jamais bredouille,
Crocute aux pinces de homard,
Qui plus est maupiteux ? L'Andouille.

Ogresse léchant sa roupie,
Babeau vêtu de poulemart,
Fane aux yeux clairs et malepie,
Caciques de Gustave Aymard,
Les Cauchemars goûtent comme art
Extasié la bonne « douille ».
Mais, du brucolaque au jumart,
Qui plus est maupiteux ? L'Andouille.

Chimère aux sables accroupie,
Nains cagneux supputant le marc
Du teston ou de la roupie ;
Voici, malgré Pline et Lamarck,
Entre Suresnes et Clamart,
Voici l'étrange niguedouille
Frémine avec son galimard.
Qui plus est maupiteux ? L'Andouille.

ENVOI

Prince, banneret, jacquemart,
Ferlampier et coquefredouille,
Rifflandouillez sur le trimard.
Qui plus est maupiteux ? L'Andouille.

BALLADE A MES AMIS DE TOULOUSE

POUR LES REMETTRE

EN GOUT DES FRIANDISES QU'ON Y SERT

> *Lorsqu'il arrivait que quelqu'un admirait la bonté de quelque viande en sa présence, il ne le pouvait souffrir...*
>
> JACQUELINE PÉRIER. — *Vie de Pascal.*

Du Capitole à Saint-Aubin,
La ville où Bonfils se gangrène
Est accueillante pour l'aubain.
Dans ses murs de briques, la raine
Ranahilde, jadis fut reine.
Mais les princes du tranchelard
Brillent toujours en cette arène :
On mange du veau chez Allard.

Foin du *puchero* maugrabin,
Des sterlets du Volga, du renne,
De ces grouses qu'offre un larbin
Et des tragopans de l'Ukraine.
Raca sur l'huître de Marenne,
Sur l'huître pareille au molard,
Sur la banane et la migraine :
On mange du veau chez Allard.

Viennent le puceau coquebin
Et la mérétrice foraine
(Ces gens ont-ils l'ordre du Bain ?)
Et Chérubin et sa marraine !
Il sied que la jeunesse apprenne
A conspuer Royer-Collard,
Parmi les coupes de Suresne :
On mange du veau chez Allard.

ENVOI

Prince trop gavé de murène,
Ce maître-queux sinistre a l'art
Des ragoûts à l'huile de frêne :
On mange du veau chez Allard.

BALLADE

POUR SE CONJOUIR AVEC LE « PETIT CENTRE »

> *Tout renaît ! Le commerce des bestiaux va reprendre.*
>
> *Du* Petit Centre *de Limoges, le 7 décembre 1888.*

Tout renaît ! Sur le tympanon,
Sur l'ophicléide assassine,
Sur la peau de zèbre ou d'ânon
Et sur le hautbois qui dessine
Maints phantasmes de bécassine,
Hurlons — tel Pompignan Lefranc,
Tel un butor dans sa piscine :
Le commerce des veaux reprend.

Palmes! Discours et gonfanon
Tricolore! O la capucine
Que porte au creux de son fanon
La mairesse chère à Lucine!
Elle est bovine, elle est porcine,
Elle raffole du hareng.
Son époux la nomme « Alphonsine! »
Le commerce des veaux reprend.

Babouiné comme guenon,
Ce préfet chauve nous bassine.
Il parle, je crois, de Zénon
Et déclame un vers de Racine.
Pour le guérir, quelle racine?
Quel bézoard mal odorant?
Dis-nous, Pasteur, quelle vaccine?
Le commerce des veaux reprend.

ENVOI

Prince, notre soulas est grand!
Posez, devant claires fascines,
Belles spatules vervécines :
Le commerce des veaux reprend.

BALLADE

SUR LE PROPOS D'IMMANENTE SYPHILIS

> *Toi, jeune homme, ne te désespère
> point : car tu as un ami dans le
> Vampire malgré ton opinion con-
> traire. En comptant l'acarus sar-
> copte qui produit la gale, tu auras
> deux amis.*
>
> *Les Chants de Maldoror*, chant 1ᵉʳ.

Du noble avril musqué de lilas blancs
Hardeaux paillards ne chôment la nuitée.
Mâle braguette et robustes élans
Gardent au bois pucelle amignottée.
Jouvence étreint Mnazile à Galathée.
Un doux combat pâme sur les coussins
Ton flanc menu, Bérengère, et tes seins
Jusques au temps que vendange soit meure.
Or, en ces jours lugubres et malsains,
Amour s'enfuit, mais Vérole demeure.

L'embasicœte aux harnais trop collants
Cherche, par les carrefours, sa pâtée,
— Nourris, Vénus, les mornes icoglans! —
Ce pendant que matrulle Dosithée
Ouvre aux cafards la porte assermentée.
Las! nonobstant baudruches et vaccins,
Durable ennui croît des plaisirs succincts.
Aux bords du Guadalquivir et de l'Eure,
Il faut prendre conseil des médecins :
Amour s'enfuit, mais Vérole demeure.

Maint prurigo végète sur vos flancs,
L'humeur peccante a votre chair gâtée,
Jeune héros des entretiens brûlants!
Que l'hydrargyre et l'iode en potée
Lavent ce don cruel d'Épiméthée,
Robé par lui chez les dieux assassins.'
Vivez encor pour tels joyeux larcins!
Et Priapus vous gard' de la male heure,
De Bableuska, des lopes, des roussins :
Amour s'enfuit, mais Vérole demeure.

ENVOI

Prince d'amour que fêtent les buccins,
Imitez la continence des Saints,
MOUSSE D'OR, et gravez la chantepleure
De Valentine au trescheur de vos seings;
Amour s'enfuit, mais Vérole demeure.

BALLADE

DU MARCHAND D'ORVIÉTAN

> *Salutations pantaculaires d'une
> amitié où la communauté des
> études et l'identité des aspirations
> illuminent de sérénité les dévoue-
> ments du cœur.*
>
> JOSÉPHIN PÉLADAN au catéchumène
> STANISLAS DE GUAITA (frère
> *Adelphe Mercurius* pour les
> initiés).

Voici la rue et le plantain,
Le jus de taupe et la merd'oie ;
Voici la graisse de putain,
Le cloporte, le ver à soie
Et le bol que Fagon emploie.
Ci la Bête du Gévaudan,
Ecco le fiel de la baudroie :
Voici les pieds de Péladan !

Reniflez un peu! Ni le thym,
Ni la peau d'Espagne où se choie
L'orgüeil ducal d'un blanc tétin,
Ni l'ambre, ni l'huile de foie
Que l'Islande à Barrès envoie,
Ni tes narcisses, Éridan,
Au humer n'offrent tant de joie :
Voici les pieds de Péladan.

Quel charme ignoré du Bottin
Envoûte l'amoureuse proie?
Nébo l'a dit à Trissotin.
Donc, lâchez un peu la courroie
De votre bourse et que l'on m'oye :
Pour que bachelette (à son dam!)
Livre aux mages la petite oie,
Voici les pieds de Péladan!

ENVOI

Prince d'Elseneur ou de Troie,
Fuyez l'œuvre d'Adolphe Adam
Et ces baumes que je déploie.:
Voici les pieds de Péladan!

BALLADE

POUR S'ENQUÉRIR DU SIEUR ALBERT JOUNET

> *Monsieur Jhouney s'appelle Jounet,
> mais quand il publia les* Lys noirs,
> *recueil de vers « ivres d'Elohim » et
> consternants de platitude, il crut devoir adopter cette orthographe cabalistique, la jugeant plus convenable
> pour un mage qui s'effare « devant
> l'obscurité où s'enveloppe Iod-Héva
> l'Inaccessible ».*
>
> L'Ouvreuse, lettre xxx.

D'ou vient ce thaumaturge pour
Les vieilles gaupes claudicantes ?
De Stockholm ou de Visapour,
Ou de Nancy que tu fréquentes,
Barrès aux lèvres éloquentes ?
Sort-il de Tarbe ou de Java ?
Place-t-il du vin, des toquantes,
Jhouney pochard d'Iod-Héva ?

A-t-il, un soir de *Iom Kippour*,
Envoûté le bouc, ô Bacchantes ?
Et sous les gibets — *Alas poor*
Yorick ! — fané de vésicantes
Aigremoines et des acanthes ?
Quel Brahmapoutra l'abreuva ?
Quels *lieb fraumilch ?* quels alicantes,
Jhouney pochard d'Iod-Héva ?

Le gong, l'archiluth, le tambour
Mugissent toutes fois et quantes
G. Papus lui lit : *A rebours.*
Ceignez ses tempes coruscantes
De fleurs, marquises et pacantes !
Même, octroyez quelque linve à
Ce bonze honni des cruscantes,
Jhouney pochard d'Iod-Héva.

ENVOI

Sar Nébo, puisque tu décantes
L'escafignon cher à Çiva,
Dégrise en ces odeurs piquantes
Jhouney pochard d'Iod-Héva.

BALLADE DES BALLADES

> *Tous les almanachs portent*
> *les marques de sa muse.*
>
> RIVAROL.

TEL Macrobe, ce doux gaga
Déjà trop mûr pour Proserpine,
Tel Nana-Saïb qu'élagua
La béate chauve et rupine,
Tancrède, Marseillais, opine
Et propage ce rythme qu'on
Engrosse comme une lapine :
Tancrède Machin est un sot.

La Ballade! O cieux! Quel zinc a
Celui qui plante cette épine!
Point n'est besoin de seringa,
De violette cisalpine.
Tancrède a la face poupine,
Il estime l'amer Picon.
La mouche fuit quand il jaspine :
Tancrède Machin est un sot.

Du fleuve Amazone au Volga,
D'Asnière à l'Ile Philippine,
Quel primate se distingua
Plus que Tancrède en la rapine
Oraculaire et turlupine ?
Que gardé soit-il du boucon,
De l'arsenic, de l'atropine !
Tancrède Machin est un sot.

ENVOI

Prince, dont l'engeance vulpine
Craint les dogues et le faucon,
Besogne dru, mange et popine :
Tancrède Machin est un sot.

BALLADE CACORIME

DE L'HARMONIEUSE VICOMTESSE

Cava solans ægrum testudine amorem.

Au chant des luths et du kinnor
Gabriel — tout en or — épelle,
O combien soëve ténor !
La séquence et l'hymne si belle.
Tout près de lui, sur l'escabelle,
Un marlou de chef démuni
Répond *Amen* tandis que bêle
Madame veuve Pranzini.

Quadragénaire mutine ! Or
Elle est vicomtesse et rappelle,
Quant aux chloroses, G. Vanor.
Comme figue mûre qu'on pèle,
Comme raisin dans la coupe, elle
Sécrète un mucus infini
A l'odeur des pieds isabelle,
Madame veuve Pranzini.

Dans Bullier, où sont les Connor,
Aux Gobelins, à la Chapelle
Ses yeux trouvent le kohinor,
Id est : rognon du tout imbelle,
Pin d'Atys, mais avant Cybèle.
Pour ce elle jute en maint garni,
La très ci-devant colombelle :
Madame veuve Pranzini.

ENVOI

Prince, ton maître de chapelle
Préfère Bach à Rossini.
Mais, vers l'*Inflammatus*, compelle
Madame veuve Pranzini.

BALLADE

CONFRATERNELLE POUR SERVIR

A L'HISTOIRE DES LETTRES FRANÇAISES

> *Oh ! les cochons ! les cochons !*
> *les cochons !*
>
> S. M.

R sus, venez, gens de plume et de corde,
Pauvres d'esprit, cacographes, soireux,
Blavet, Meyer dont la tripe déborde,
Champsaur égal aux Poitrassons affreux,
Et Wolff l'eunuque, et Mermeix le lépreux.
Montrez-vous sur les foules étonnées,
Cabots, sagouins, lécheurs de périnées :
Attollite portas ! Voici Daudet !
Formez des chœurs et des panathénées !
C'est Maizeroy qui torche le bidet.

3

Toi qu'un dieu fit, en sa miséricorde,
Imperméable au style, gros foireux
Qui des duels aimes le seul exorde,
Ajalbert ! comme un fessier plantureux,
Haut le cap ! Marche à l'ombre de ces preux !
Sous les fanons aux lances adornées,
Albert Delpit louche des deux cornées,
Et Jean Rameau, très innocent baudet,
Clame des vers pour deux ou trois guinées.
C'est Maizeroy qui torche le bidet.

Monsieur Papus, qu'il ne faut pas qu'on morde,
Fait voir la lune aux pantes généreux.
Ave, Drumont ! Sous une chemise orde,
Le Péladan et ses pieds butyreux.
Item Sarcey (du genre macareux).
Paul Alexis, en phrases peu tournées,
Mène à Lesbos les gothons surannées.
Noël ! messieurs, Noël devant Cadet,
Peptone des gastralgiques dînées.
C'est Maizeroy qui torche le bidet.

ENVOI

Prince fameux chez les momentanées,
Soldat que son régiment éludait,
Compilateur de cent macaronnées,
Baron aussi, depuis quelques années,
C'est Maizeroy qui torche le bidet.

QUATORZAINS D'ÉTÉ

*Ce seront tous les jours nouvelles
platitudes qui dégénéreront bientôt
en habitudes.*

ÉMILE AUGIER. — *Gabrielle,*
acte IV, scène XVIII.

Sı tu veux, prenons un fiacre
   Vert comme un chant de hautbois.
   Nous ferons le simulacre
Des gens urf qui vont au Bois.

Les taillis sont pleins de sources
Fraîches sous les parasols :
Viens ! nous risquerons aux courses
Quelques pièces de cent sols.

Allons-nous-en ! L'ombre est douce,
Le ciel est bleu ; sur la mousse
Polyte mâche du veau.

Il convient que tu t'attiffes
Pour humer, près des fortiffes,
Les encens du renouveau.

DINER CHAMPÊTRE

Entre les sièges où des garçons volontaires
Entassent leurs chalands parmi les boulingrins,
La famille Feyssard, avec des airs sereins,
Discute longuement les tables solitaires.

La demoiselle a mis un chapeau rouge vif
Dont s'honore le bon faiseur de sa commune
Et madame Feyssard — un peu hommasse et brune,
Porte une robe loutre avec des reflets d'if.

Enfin ils sont assis! Et le père commande
Des écrevisses, du potage au lait d'amande,
Toutes choses dont il rêvait depuis longtemps.

Et, dans le ciel, couleur de turquoises fanées,
Il voit les songes bleus qu'en ses esprits flottants
A fait naître l'ampleur des truites saumonées.

RUS

Ce qui fait que l'ancien bandagiste renie
Le comptoir dont le faste alléchait les passants,
C'est son jardin d'Auteuil où, veufs de tout encens,
Les zinnias ont l'air d'être en tôle vernie.

C'est là qu'il vient — le soir — goûter l'air aromal
Et, dans sa *rocking-chair*, en veston de flanelle,
Aspirer les senteurs qu'épanchent sur Grenelle
Les fabriques de suif et de noir animal.

Bien que libre-penseur et franc-maçon, il juge
Le dieu propice qui lui donna ce refuge
Où se meurt un cyprin emmy la pièce d'eau;

Où, dans la tour mauresque aux lanternes chinoises,
— Tout en lui préparant du sirop de framboises —
Sa « Demoiselle » chante un couplet de Nadaud.

BARCAROLLE

Sur le petit bateau-mouche,
Les bourgeois sont entassés,
Avec les enfants qu'on mouche,
Qu'on ne mouche pas assez.

Combien qu'autour d'eux la Seine
Regorge de chiens crevés,
Ils jugent la brise saine
Dans les Billancourts rêvés.

Et mesdames leurs épouses,
Plus laides que des empouses,
Affirment qu'il fait grand chaud

Et s'épaulent sans entraves
A des Japonais — très graves
Dans leurs complets de Godchau.

HYDROTHÉRAPIE

L E vieux monsieur, pour prendre une douche
[ascendante,
A couronné son chef d'un casque d'hidalgo
Qui, malgré sa bedaine ample et son lumbago,
Lui donne un certain air de famille avec Dante.

Ainsi ses membres gourds et sa vertèbre à point
Traversent l'appareil des tuyaux et des lances,
Tandis que des masseurs tout gonflés d'insolences
Frottent au gant de crin son dos où l'acné point.

Oh! l'eau froide! oh! la bonne et rare panacée
Qui, seule, raffermit la charpente lassée
Et le protoplasma des sénateurs pesants!

Voici que, dans la rue, au sortir de sa douche,
Le vieux monsieur qu'on sait un magistrat farouche
Tient des propos grivois aux filles de douze ans.

EN ISRAEL

20. *Non fecit taliter omni nationi.*
Psalm. CXLVII.

La tribu Salomon du faubourg Saint-Antoine,
Autour du père Lang, brocanteur vénéré,
Canoniquement rompt l'azyme consacré
Et biberonne à s'en crever le péritoine.

Tous bien honnêtes : les Judith, pleines de foi,
Dans un garni voisin sèchent les militaires
Et leurs mâles, par les urinoirs solitaires,
Sur des chrétiens paillards vengent l'antique loi.

Or, ce soir, comme il est écrit au Lévitique,
Ils ont bâfré l'agneau sans tache en la boutique
Des « pons lorgnettes » et des clous désassortis.

Et les ioutres au nez circonflexe, au teint puce,
Avec les femmes, le bétail et les petits,
Chantent le Sabaoth qui rogna leurs prépuces.

QUARTIER LATIN

DANS le bar où jamais le parfum des brévas
Ne dissipa l'odeur de vomi qui la navre
Triomphent les appas de la mère Cadavre
Dont le nom est fameux jusque chez les Howas.

Brune, elle fut jadis vantée entre les brunes,
Tant que son souvenir au Vaux-Hall est resté.
Et c'est toujours avec beaucoup de dignité
Qu'elle rince le zinc et détaille les prunes.

4

A ces causes, son cabaret s'emplit, le soir,
De futurs avoués, trop heureux de surseoir
Quelque temps à l'étude inepte des Digestes ;

Des Valaques, des riverains du fleuve Amour
S'acoquinent avec des potards indigestes
Qui s'y viennent former aux choses de l'amour.

MUSÉE DU LOUVRE

INQ heures. Les gardiens en manteaux verts,
                                          [joyeux
De s'évader enfin d'au milieu des chefs-d'œuvre,
Expulsent les bourgeois qu'ahurit la manœuvre,
Et les rouges Yankees écarquillant leurs yeux.

Ces voyageurs ont des waterproofs d'un gris jaune
Avec des brodequins en allées en bateau ;
Devant Rubens, devant Rembrandt, devant Watteau,
Ils s'arrêtent, pour consulter le *Guide Joanne*.

Mais l'antique pucelle au turban de vizir,
Impassible, subit l'attouchement du groupe.
Ses anglaises où des lichens viennent moisir

Ondulent vers le sol ; car, sur une soucoupe
Elle se penche pour fignoler à loisir
Les Noces de Cana qu'elle peint à la loupe.

PLACE DES VICTOIRES

Les femmes laides qui déchiffrent des sonates
Sortent de chez Érard, le concert terminé
Et, sur le trottoir gras, elles heurtent Phryné
Offrant au plus offrant l'or de ses fausses nattes.

Elles viennent d'ouïr Ladislas Talapoint,
Pianiste hongrois que *le Figaro* vante,
Et, tout en se disant du mal de leur servante,
Elles tranchent un cas douteux de contrepoint.

Des messieurs résignés à qui la force manque
Les suivent, approuvant de leur chef déjà mûr ;
Ils eussent préféré le moindre saltimbanque.

Leur silhouette court, falotte, au ras d'un mur,
Cependant que Louis, le vainqueur de Namur,
S'assomme à regarder les portes de la Banque.

A MARIER

ST-CE une cangue, est-ce un carcan
Qui lui tient le col de la sorte ?
Est-ce une peau de bête morte,
Son collet de vague astrakan ?

Elle parut au monde quand
Monsieur Chevreul sortait de page
Et l'haleine qu'elle propage
Mettrait en fuite le grand khan.

Pour le magyare et le cacique,
Elle teignit sa hure ainsi que
L'or grisonnant de ses cheveux.

Tels les maquignons, dans les foires,
A force de vésicatoires,
Maquillent un bidet morveux.

CHORÈGE

A Monsieur Jean Rameau,
littérateur français.

« La dernière fois que je le vis, ce
fut, si je ne me trompe, chez une
comtesse de la rue Saint-Honoré, et
l'on raconte qu'une autre comtesse
qui demeure dans les environs de la
gare Saint-Lazare, et très suspecte
de basbleuisme, hélas! le comptait
parmi ses fidèles. »

Des œuvres complètes de M. JEAN
RAMEAU. Lettre à *l'Écho de Paris*
du 10 mars 1891.

LAUDIGATOR ayant découvert qu'il existe
Des comtesses ailleurs qu'aux romans de Balzac,
A chaussé des gants paille et revêtu le frac :
On le prendrait, tant il est beau, pour un dentiste.

Jadis potard, expert à triturer les bols,
Il rêvait, dédaignant le nom d'apothicaire,
A des in-folios connus d'Upsal au Caire.
— Et ses dormirs furent hantés par les Kobolds.

Maintenant, l'œil féroce et la bouche crispée,
Il récite devant l'indulgence attroupée
Des vieilles dames aux appas gélatineux :

Et, surprenant effet des rimes qu'il accole,
Nonobstant la rigueur des corsets et des nœuds,
Sa voix fait tressaillir tous ces baquets de colle.

SUR CHAMP D'OR

Elle fait la victime et la petite épouse.

ARTHUR RIMBAUD.
Les Premières communions.

ERTES, monsieur Benoist approuve les gens qui
Ont lu Voltaire et sont aux Jésuites adverses.
Il pense. Il est idoine aux longues controverses,
Il déprise le moine et le thériaki.

Même il fut orateur d'une Loge Écossaise.
Toutefois — car sa légitime croit en Dieu —
La petite Benoist, voiles blancs, ruban bleu,
Communia. Ça fait qu'on boit maint litre à seize.

Chez le bistro, parmi les bancs empouacrés,
Le billard somnolent et les garçons vautrés,
Trône la pucelette aux gants de filoselle.

Or Benoist qui s'émèche et tourne au calotin
Montre quelque plaisir d'avoir vu, ce matin,
L'hymen du Fils Unique et de sa « Demoiselle ».

QUINZE CENTIMES

'ŒIL vairon et le nez de pustules fleuri,
Sous l'effrayant amas de son bonnet à coques,
La buraliste, au seuil de l'odorant abri,
Exhale sa douleur en mornes soliloques :

— « Injuste sort ! Devant cet Odéon banal,
Me faudra-t-il, sans cesse, aux heures taciturnes,
Offrir aux vieux messieurs des carrés de journal,
O Casimir ! tandis que sonnent tes cothurnes !

Moi qui connus Ponsard et feu Scribe, ô regrets!
Dois-je rincer l'amphore où le client s'épanche?
Malpropres les bourgeois autant que des gorets!

Et cuire ma boubouille au fond des lieux secrets
Sans connaître jamais l'espoir d'un beau dimanche?
« *Dieux! que ne suis-je assise à l'ombre des forêts!* »

RUE DE LA CLEF

oco dit Tape-à-l'Œil, professeur de savate,
Camelot et dompteur de caniches, ayant
Sur quelque pante aussi lourdaud que flam-
Prélevé le mouchoir, la bourse ou la cravate, [boyant

Est dans les fers. Le désespoir règne parmi
Tant d'épouses qu'il asservit à sa conquête
Et ces « dames » du Chabannais font une quête
Pour que soit d'un peu d'or son courage affermi.

Mais, enclin aux repos que lui fait Pélagie,
Le « petit homme » anémié se réfugie
Près des conspirateurs dont brille cet endroit

Et, fier de resucer les mégots qu'il impètre
Chez les poètes et chez les docteurs en droit,
Il savoure l'orgueil de voir des gens de lettres.

INITIATION

Pour Aristide Bruant.

Saint-Mandé. — Parmi les badauds hésitants,
Le cornac loue avec pudeur sa marchandise,
Une Vénus d'un poids énorme et, qu'on le dise!
Montrée aux hommes seuls de plus de dix-huit ans.

Des militaires, des loustics entre deux âges
Pénètrent, soucieux du boniment complet,
Sous la tente où, massive et fidèle aux usages,
La dame, en tutu rose, exhibe son mollet.

5

Seul, un potache ému de cette plasmature
Gigantale, pour voir des pieds à la ceinture,
Allonge un supplément dans le bassinet gras.

Et tandis que, penaud, vers l'estrade il s'amène,
D'un accent maternel et doux, le Phénomène
Lui dit : « *Tu peux toucher, Monsieur, ça ne mord pas.* »

QUELQUES VARIATIONS

POUR

DÉPLAIRE A FORCE GENS

COMPLAINTE EN FORME D'ÉLÉGIE

TOUCHANT L'ABSENCE DE MÉTAL PAR QUOI L'AUTEUR
EST INCOMMODÉ

Je suis nu comme un sans chemise
Qui n'aurait pas de suspensoir,
Hélas! et je manque de mise
Pour bloffer au *pocker*, le soir.

Les demoiselles incongrues
Qui, dans l'espoir de faire un vieux,
Stationnent au coin des rues,
Sur moi ne jettent plus les yeux.

Pour moi, le veau mue en squelette
Et les gargotiers irrités
Enguirlandent sa côtelette
D'un cresson d'incivilités.

Ces bordeaux auxquels tu veux croire,
Explorateur des tours Eiffel,
N'abreuvent plus ma triste poire ;
Vichy me refuse du sel !

Vous qui jamais ne vous privâtes
Des luxes les plus onéreux,
Qui buvez des copahivates
Pour vos accidents amoureux ;

O philistins de toute robe,
Économistes et cornards,
Dites ! quel océan dérobe
Le clair lingot, parmi les nards ?

Où se cachent les effigies
Qui, sur des écus variés,
Constatent les pathologies
Des potentats avariés ?

Où les Républiques augustes
Mais à poils, inscrivant des lois
Sur l'or des louis d'or, très justes
Quand arrivent les fins de mois ?

Dis, le sais-tu, Clémence Isaure
Dont les fleurs auraient eu le don
De réjouir l'icthyosaure,
D'estomaquer l'iguanodon ?

Et toi, Sarcey, bedaine vaste,
Recteur de tous les odéons ?
Sarcey, ton Apollo dévaste
L'âme des vieux accordéons.

Le savez-vous, Ohnet, Lemaître,
Toi, Jean Rameau, qui fais des vers
Pentamètres dont chaque mètre
Comme toi marche de travers ?

J'irai, fût-ce en Patagonie,
Chercher ce *reingold*, oui, j'irai
Sur la grande mer infinie,
Car mon crédit est délabré.

Et je préfère vos zagaies,
Anthropophages batailleurs,
Aux réclamations peu gaies
Des mastroquets et des tailleurs.

INTIMITÉ

« *Julia, a masturbationibus.* »
Inscription du *Columbarium* d'Auguste.

ʀ Marpha Bableuska trônait en robe verte.
—C'était bien peu de temps après la découverte
Du téléphone et des pastilles Géraudel. —
La Marpha paraissait un sujet de bordel.
Ce néanmoins, et faisant trêve à leurs tapages,
Les pessimistes et les rimailleurs — quels pages!
Ornaient ses vendredis tumultueusement.
Et Marpha qui goûtait des monceaux d'agrément
Popinait au « Bas-Rhin » — luxe cardinalice!
Elle dormait sous des tapis de haute lice
Et le michet — qu'il fût Falstaff ou bien Hotspur,
Trouvait, sous sa toilette, un bidet d'argent pur.

On la payait trois francs, jusques à quatre même.
Pour un tel prix, Fanchon qui d'aventure m'aime
Fréquenterait avec le plus obscène juif.

Les bottes de la dame étaient pleines de suif
Et le beurre inondait ses épinards.

On dit que, '
Pour les reins affaiblis du magistrat sadique
Et le contentement des chanoines pansus,
Tels flagellants secrets par ses mains étaient sus.
Le pianiste Saut-du-Toit, que chacun gifle,
Pour l'amour d'elle eût assumé quelque mornifle,
Nonobstant les garçons du café Roy ; Baju,
Le stupide Baju qui dit : « *Jé, Ji, Jo, Ju* »,
Cet Anatole (si Baju !) que l'on encense,
Tripudiait, affolé de concupiscence
Quand elle éructait sur un chaudron de Gaveau.

C'est pourquoi j'écris l'*Art d'accommoder le Veau.*

STANCES

POUR LE NOUVEL AN

L A belle dame de Paris
Trottine par le brouillard gris
Du matin, à pas de souris.

Son manchon de loutre ou d'hermine
Sur son nez rose, elle chemine
D'une façon leste et gamine.

Le trottoir est un lac gelé
Où son talon ensorcelé
Semble un papillon sur le blé.

Point d'atours ni de fanfreluches;
Mais, pour braver les coqueluches,
La gamme sombre des peluches.

La voilette rouge, sur ses
Cheveux d'avoine mal lissés,
Met des tons de pourpre foncés.

Les Clymènes et les Zerlines
Sur les potiches zinzolines,
Du même air croquent des pralines.

La printanière blondeur
De sa gorgerette a l'odeur
Amène de l'*Iris-powder*.

Et son fin museau de belette
Rit à souhait pour la palette
De Fragonard ou de Willette.

Depuis le Gymnase, où renaît
Chaque soir monsieur George Ohnet,
Jusqu'à Peters, on la connaît.

Les hommes graves, par centaines,
Gantent leurs plus belles mitaines
Pour escorter ses pretantaines.

Et, surgissant on ne sait d'où,
Ce vieux coureur de guilledou,
Le Soleil, vient baiser son cou.

Or, cette dame qui s'avance
Est celle qui, pour redevance.
Nous apporte deuil ou chevance.

Au gui l'an neuf! Le houx en fleur
De Christmas à la Chandeleur
S'épanouit, ensorceleur.

Les rois des terres levantines
Aux Porcherons chantent matines
Et subornent les Valentines.

La bûche flambe. Au gui l'an neuf!
Tel un oisillon de son œuf,
L'heure s'échappe. Trois! six! neuf!

Douze! Et la flamme ranimée
A travers la rose fumée,
Exhale une âme parfumée.

L'Èspérance donne du cor
Et, sur l'acier qui vibre encor,
Fait tinter son cothurne d'or.

O madame la jeune année,
Par vous me soit encor donnée
Une fleur de ma fleur fanée.

Pour avoir repos et soulas,
Faites germer en mon cœur las
Le regain des premiers lilas.

DEUX SONNETS

POUR ÊTRE DITS EN EXPECTANT « CLAUDICATOR »

I

LE LIMAÇON

D'après l'illustre Chose.

L'INSÉNESCENCE de l'humide argent accule
La glauque vision des possibilités
Où s'insurgent, par telles prases abrités,
Les désirs verts de la benoîte renoncule.

Morsure extasiant l'injurieux calcul,
Voici l'or impollu des corolles athées
Choir sans trêve ! Néant des sphinges Galathées
Et vers les nirvânas, ô Lyre ! ton recul !

La Mort est un vainqueur loyal et redoutable.
Aux vénéneux festins où Claudius s'attable
Un bolet nage en la saumure des bassins.

Mais, tandis que l'abject amphictyon expire,
Éclôt, nouvel orgueil de votre pourpre, ô Saints,
Le lis ophélial orchestré pour Shakespeare.

VIRGO FELLATRIX

D'après Laurent Tailhade

L a chasuble des Apostoles,
Dans le cristal incendié
Flamboie. Un Cœur supplicié
Attend, Vierge, que tu l'extolles.

D'or fin, la Lune, sous ton pié.
Aux accents des luths, des citoles,
L'Ange, « ceint de saintes ětoles »,
Chante l'amour. *O filiæ!*

Canonique! Mystique! Unique!
Hors du triptyque, ta tunique
Verse l'âme des Paradis.

Toi, la Pudibonde, sans nulle
Macule, j'ouvre la lunule
Des ostensoirs où tu splendis!

DISTIQUES MOUS

LA chauve-souris, à l'aile brune,
Danse grotesquement sur la lune.

Galope le lièvre. La rainette
Verte pousse un mi de clarinette.

Et, dans les fragrances du silence,
La Nuit aux cheveux d'or se balance.

* * *

Rousse, de balsames attifée
L'abricotier bleu t'ait décoiffée !

Ton ventre, le nénuphar obscène,
A pipé ma chair comme une seine :

Et je chois sur le gazon des sentes :
O les défaillances lactescentes !

**

***

Le cheiroptère à l'aîle indécise
Fuit la nue où Sélène est assise.

Dormir, le lièvre. En des champs d'ivraie,
Lamentent la sorcière et l'orfraie.

Moi — tout seul — comme l'onocrotale,
M'imbibe l'extase digitale.

PARABASE SYMBOLIQUE

PARABASE SYMBOLIQUE

DANS LA MANIÈRE DES PLUS ACCRÉDITÉS
RIMEURS DE CE TEMPS-CI

Pour un exode gagaïque,
Nous nous embarquerons en la
Jonque de plate mosaïque,
Sur l'étang vert du ton de la.

Le trombone fauve, à coulisses,
Pleure l'hymen du nénuphar
Et les délices des lis lisses.
Innocence, ô le premier fard !

La brique cède à la turquoise
Dans l'occidentale splendeur :
Tour chinoise! Rive narquoise!
Mont Tai-chan noir de verdeur!

La lune luit. Hors de sa cage,
L'ibis (qu'on incrimine à tort)
Fuit le sinistre marécage
Hanté du noir bombinator.

Et dans la vasque où la cuscute
Mire ses pistils gracieux,
Le croissant d'or fin répercute
La courbe exquise de tes yeux.

TABLE

TABLE

QUATORZAINS D'ÉTÉ

QUELQUES VARIATIONS

POUR DÉPLAIRE A FORCE GENS

TABLE 97

PARABASE SYMBOLIQUE

ACHEVÉ D'IMPRIMER

SUR LES PRESSES

DE

L'IMPRIMERIE DE L'ART

POUR

Léon VANIER, ÉDITEUR

10 AVRIL

MDCCCXCI.